AF249562

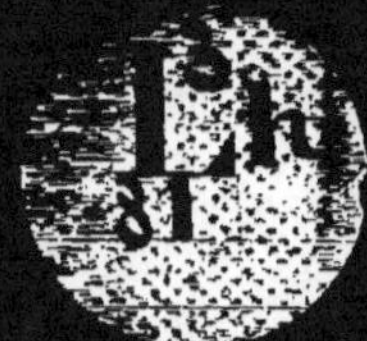

Lih 3.
81.

FASTES MILITAIRES

DE FRANCE,

OU

RECUEIL DES PRINCIPAUX EXPLOITS

DES FRANCAIS,

Depuis 1789 jusqu'en 1830.

PARIS.

IMPRIMERIE DE BÉTHUNE, RUE PALATINE, N° 5.

1831.

Les formalités voulues par la loi ayant été remplies, tout contrefacteur sera poursuivi devant les tribunaux.

L. G.

AVIS AU LECTEUR.

Ce qui distingue le Français par-dessus les autres peuples du globe, c'est surtout l'amour de la gloire. Au récit des brillans exploits qui depuis quarante ans ont illustré notre belle France, tout citoyen sent son cœur tressaillir, et s'animer d'une nouvelle ardeur. S'il rencontre un livre qui rapporte ces hauts faits, il s'en saisit, il le dévore. Mais la plupart de ces livres, trop volumineux pour l'artisan, auquel un travail assidu laisse peu de loisir, sont d'ailleurs d'un prix auquel peu de bourses peuvent atteindre. C'est pour écarter ces deux obstacles que nous avons conçu l'idée de retracer le plus succinctement et le plus fidèlement possible, dans un petit recueil mis à la portée de toutes les classes, les principaux faits d'armes des Français depuis l'année 1789, qui a commencé notre liberté, jusqu'en l'année 1830, qui l'a complétée. Ce recueil deviendra ainsi une sorte d'Evangile national, que tout le monde pourra porter avec soi, et qu'il ne sera plus permis à personne d'ignorer.

Table des matières contenus dans ce recueil.

FASTES MILITAIRES

DE FRANCE.

Prise de la Bastille. (12 juillet 1789).

Un horrible complot, tendant à renverser la liberté et à bouleverser l'empire français, venait d'être conçu par les perfides conseillers de Louis XVI. Necker, dont la présence était le principal obstacle à leur dessein, venait d'être exilé. Le peuple s'était récrié : on lui avait répondu par des coups de sabres et de fusils. La place Louis XV était occupée par des troupes étrangères. Pendant trois jours Paris se prépare à la résistance. Une nombreuse garde nationale est sur pied en un instant. L'hôtel des Invalides, envahi par la multitude, fournit des armes à cette armée improvisée. A l'aspect de ces forces imposantes, la place Louis XV avait été éva**cuée.**

Le despotisme menaçait encore du haut des remparts de la Bastille. Quinze pièces de canon bordaient les tours de ce donjon, et trois pièces de campagne, placées dans la grande cour, en face de la porte d'entrée, présentaient une mort assurée aux téméraires qui oseraient l'assaillir. Quatre-vingt-deux soldats invalides et trente-deux Suisses composaient sa garnison.

Delaunay était gouverneur du fort. **S**ommé de faire descendre les canons braqués sur les tours, il s'y était refusé. Un nombre assez considérable de citoyens vint alors se présenter devant la Bastille pour demander des armes et des munitions de guerre. Comme ils étaient la plupart sans défense, et n'annonçaient aucune intention hostile, Delaunay les accueille et fait baisser le premier pont levis pour les recevoir. Mais à peine sont-ils entrés dans la première cour, que le pont se relève, et qu'un feu roulant d'artillerie et de mousqueterie écrase ces infortunés. Ceux qui les attendaient au-dehors crient vengeance ; bientôt une immense multitude armée de fusils, de sabres, d'épées, de haches, se précipite dans les cours intérieures. Un combat opiniâtre s'engage au-dedans et au-dehors. On se battait depuis cinq heures ; trois fois une députation s'était avancée pour suspendre l'effusion du sang : trois fois la réponse à ses sommations paisibles n'avait été donnée que par des tubes foudroyans. Les assaillans furieux mettent le feu au corps-de-garde, au gouvernement et aux cuisines. Les assiégés n'en continuent pas moins leur feu meurtrier. L'incendie durait encore lorsqu'on vit arriver un nouveau renfort de gardes françaises et de bourgeois amenant avec eux onze pièces d'artillerie. C'est ce qui détermina la victoire. Delaunay, voyant dès-lors toute résistance impossible, perd la tête. Il voulut faire sauter le fort, mais il en fut empêché. On s'empara de lui, et il fut tué sur les degrés de l'Hôtel-de-Ville.

La prise de la Bastille a coûté la vie à quatre-vingt-dix-huit des assiégeans. Quatre-vingt-trois restèrent sur la place, et quinze périrent de leurs blessures. Soixante-treize furent blessés ou estropiés. Les assiégés ne perdirent qu'un homme pendant le combat,

Bataille de Jemmapes. (6 mars, 1792).

Cette journée, à jamais mémorable, couvrit la nation française d'une gloire immortelle ; 40 mille Français, sous les ordres du brave Dumourier, forcèrent 28 mille Autrichiens retranchés dans des bois et sur des montagnes garnis de plus de quarante redoutes, de 20 pièces de canon de gros calibre, d'un très-grand nombre de canons moins forts, et d'obusiers. La canonnade la plus vive, de part et d'autre, s'était ouverte dès six heures du matin, et ce ne fut qu'à deux heures après-midi que nos ennemis firent leur retraite dans le plus grand désordre. La bataille de Jemmapes a décidé le sort de nos armes en Belgique. Elle a été une des plus générales qui aient jamais été données. Tous les points de la ligne et des flancs de l'ennemi ont été attaqués à la fois. Tous les corps de l'armée ont donné, tous les individus ont combattu personnellement. Partout, après une résistance très-opiniâtre, la nation française a triomphé par ses deux moyens les plus forts, le canon et l'arme blanche. Le nombre des morts a été estimé à 300 , et le nombre des blessés au double. La perte des ennemis s'éleva à plus de 1,500 prisonniers ou déserteurs, et plus de 400 morts ou blessés. Nous avons pris 9 pièces de canon. Après cette victoire le général en chef Dumourier somma la ville de Mons de se rendre. Le lendemain les portes lui en furent ouvertes au moment où il se préparait à la prendre d'assaut.

Le duc d'Orléans, aujourd'hui notre Roi-Citoyen, eut une grande part à la gloire de cette journée.

Bataille de Marengo. (14 juin 1800).

Dans cette bataille, qui décida du sort de l'Italie et de l'armée prussienne, quatre fois nous avons battu en retraite, et quatre fois nous avons été en avant. Plus de 60 pièces de canon ont été, de part et d'autres, sur différents points, et à différentes heures, prises et reprises.

Les grenadiers de la garde, placés en redoute dans la plaine Saint-Julien, firent des prodiges de valeur, et résistèrent contre les efforts réunis de la cavalerie, de l'infanterie et de l'artillerie. Cent pièces de canon tirant à mitraille, jetaient le désordre et l'épouvante dans nos rangs. Les fuyards furent bientôt ralliés sous les ordres de Dessaix, qui avança au pas de charge, et culbuta l'ennemi. Il fut puissamment secondé par le général Kellermann, qui, dans une charge exécutée à propos et avec vigueur, fit prisonniers 6,000 grenadiers et le général Zach. Le chef de brigade Bessières, à la tête des *cassacous* et des grenadiers de la garde, perça la ligne de cavalerie ennemie, et acheva l'entière déroute de l'armée. Nous avons pris 15 drapeaux, 40 pièces de canon et fait 6 à 8,000 prisonniers ; plus, de 6,000 ennemis sont restés sur le champ de bataille. Nous avons eu 600 hommes tués, 1,500 blessés et 900 prisonniers. Le générel en chef Berthier a eu ses habits criblés de balles.

C'est dans cette bataille que le général Dessaix fut tué d'une balle. Il n'eut que le temps de dire au jeune Lebrun : *Allez dire au premier consul que je meurs avec le regret de n'avoir pas assez fait pour vivre dans la postérité.*

Combat de Diernstein, et entrée à Vienne.
(22 brumaire, an 14. — 13 novembre 1805).

La grande armée marchait de succès en succès.
Davoust, Marmont, Lannes, Bertrand remportaient
tous les jours des avantages sur l'ennemi. Le 21 nov.,
le général Mortier, à la tête de 4,000 hommes, ayant
été tourné, près de Diernstein, par 25 à 30 mille
Russes, fit tête à l'armée de l'ennemi. Le combat
dura depuis six heures du matin jusqu'à quatre
heures de l'après-midi. Cette journée a été une
journée de massacre. Des monceaux de cadavres
couvraient un champ de bataille étroit. Plus de
4,000 Russes ont été tués ou blessés, 1,700 ont été
faits prisonniers. Les Russes ont été forcés d'aban-
donner le Danube. Les maréchaux Mortier et
Bernadotte se sont mis à leur poursuite. Deux
jours après, les troupes françaises sont entrées
dans Vienne. On y a trouvé plus de 2,000 pièces
de canon, une salle d'arme garnie de 100,000 fusils,
des munitions de toutes espèces , enfin de quoi
former l'équipage de campagne de trois ou quatre
armées.

Bataille d'Austerlitz. (2 décembre 1805).

L'empereur de Russie et l'empereur d'Autriche ayant
réuni leurs forces, se disposaient à attaquer l'armée
française, beaucoup inférieure en nombre, et comp-
taient sur un succès complet. Napoléon, de son
côté, observait l'ennemi, et faisait toutes ses dispositions de bataille. Le maréchal Davoust fut chargé
de soutenir l'aile droite de l'ennemi. Le maréchal

Lannes eut le commandement de la gauche, le
maréchal Soult celui de la droite, le maréchal Bernadotte celui du centre, et le prince Murat celui de
la cavalerie. L'empereur, avec le maréchal Berthier
et le colonel-général Junot, devait commander
l'armée de réserve. Dès le lever du soleil, le combat
s'engagea. Soult s'ébranle et prend l'ennemi en
flanc; le prince Murat fait agir la cavalerie. Lannes
fait marcher la gauche. Une canonade épouvantable
s'engage sur toute la ligne. 200 pièces de canon et
près de 200,000 hommes faisaient un bruit affreux.
Déjà l'armée russe fléchit; le général Bernadotte
s'avance avec le centre, et complette la déroute. A une
heure après midi, la victoire était décidée. L'ennemi
dans sa retraite se trouvait acculé à un lac. L'empereur s'y porta avec 20 pièces de canon, et 20,000
hommes se jetèrent dans l'eau où se noyèrent dans
les lacs.

Les résultats de cette glorieuse journée sont
40 drapeaux russes de la garde impériale, 120 pièces
de canon, 20 généraux, plus de 30,000 prisonniers.
Les Russes ont perdu 18,000 hommes et 7,000 ont
été blessés. Les Français ont eu 600 hommes tués
et 3,000 blessés. L'armée française, quoique nombreuse et belle, était moins nombreuse que l'armée
ennemie, qui était forte de 105 mille hommes, dont
80 mille Russes et 25 mille Autrichiens.

Bataille d'Iéna. (14 octobre 1806).

Sur divers points, le corps du maréchal Lannes
s'était emparé du plateau d'Iéna. Le roi de Prusse
s'occupa pendant quatre jours à réunir ses forces
sur ce point. L'empereur qui, du sommet du plateau,
observait tous les mouvemens de l'ennemi, en fit

aùtant. Le 14, les deux armées furent en présence. L'armée française déboucha par un défilé fort étroit pour s'étendre dans la plaine. La gauche de l'armée française était commandée par le maréchal Augereau, le centre par le maréchal Lannes, et la droite par le maréchal Soult. Le maréchal Lannes donna le premier. En moins d'une heure l'action devint générale. 250 à 300,000 hommes avec 7 ou 800 pièces de canon semaient partout la mort. L'empereur se transportait d'un bout de l'armée à l'autre, et animait l'ardeur des soldats. Après plusieurs heures de combat, l'armée russe fut enfin culbutée sur tous les points. Nos divisions de cuirassiers et de dragons achevèrent leur défaite : en vain l'infanterie ennemie se forma en bataillons carrés, cinq de ces bataillons furent enfoncés. Le corps du maréchal Davoust fit des prodiges de valeur. L'ennemi fut poursuivi jusqu'à Weimar pendant l'espace de six lieues.

Les résultats de la bataille ont été 30 à 40 mille prisonniers, 60 drapeaux, 300 pièces de canon, des magasins immenses de subsistances. Plus de 20,000 prussiens ont été tués ou blessés. Notre perte fut évaluée à 10 ou 1100 tués et 3,000 blessés.

Entrée à Berlin. (24 octobre 1806).

Depuis la bataille d'Iéna, Napoléon s'avançait à pas de géant vers la capitale de la Prusse. Le 15, le duc de Berg cerne Erfurt, et le force à capituler. Le 18, le corps du maréchal Davoust prend possession de Leipsick. Halle, Postdam, cèdent à la force des armes, et le 25 octobre, 11 jours après la journée d'Iéna, l'aigle victorieuse conduisit notre armée en triomphe dans Berlin. Deux jours après, Napoléon

y fit son entrée solennelle. Voici la proclamation qu'il adressa à ses soldats.

« Soldats, vous avez justifié mon attente, et répondu dignement à la confiance du peuple français. Vous avez supporté les privations et les fatigues avec autant de courage que vous avez montré d'intrépidité et de sang froid au milieu des combats... Voici les résultats de nos travaux.

» Une des premières puissances militaires de l'Europe, qui osa naguère nous proposer une honteuse capitulation, est anéantie. Les forêts, les défilés de la Franconie, la Saale, l'Elbe, que nos pères n'eussent pas traversés en sept ans, nous les avons traversés en sept jours, et livré dans l'intervalle quatre combats et une grande bataille. Nous avons précédé à Postdam, à Berlin, la renommé de nos victoires. Nous avons fait 60,000 prisonniers, pris 66 drapeaux, parmi lesquels ceux des gardes du roi de Prusse, 600 pièces de canon, trois forteresses, plus de 20 généraux. Toutes les provinces de la monarchie prussienne, jusqu'à l'Oder, sont en notre pouvoir. »

Bataille d'Eyleau. (1er février 1807).

En rouvrant la guerre, qui s'était terminée d'une manière si déplorable pour lui, le roi de Prusse s'était assuré un puissant auxiliaire, l'empereur Alexandre venait à son secours; Bonaparte courut au-devant de lui et lui livra bataille dans la plaine d'Eylau.

Dès la pointe du jour l'ennemi commença l'attaque par une vive canonnade. L'empereur fit avancer le corps du général Augereau. Il ordonna aussitôt le feu de 40 pièces d'artillerie, et chassa l'ennemi d'un monticule qu'il occupait. Un combat des

plus sanglans s'engage alors. L'ennemi essayait de
déborder notre gauche, lorsqu'une neige épaisse,
telle qu'on ne distingait pas à deux pas, couvrit les
deux armées pendant une demi-heure. Le temps
s'étant éclairci, le duc de Berg en profita, et sans
donner à l'ennemi le temps de se reconnaître, il
fondit sur lui avec impétuosité. Rien ne put résister
à l'ardeur de nos soldats. Le massacre fut horrible.
Le champ de bataille pour nos ennemis ne fut
bientôt qu'un vaste tombeau. Les Russes y perdirent
35,000 hommes, 16 drapeaux, et 45 pièces de canon. 300 bouches à feu vomirent la mort de part
et d'autre pendant douze heures. Après ce nouveau
triomphe, Napoléon fit prendre des cantonnemens
sur la Vistule. « Soldats, dit-il, dans tous les cli-
mats, dans toutes les saisons, nous serons toujours
les soldats de la grande armée. »

Entrée à Dantzick. (26 mars 1807.)

Lorsque Dantzick est tombé au pouvoir de l'armée française, on trouva dans cette place 800 pièces
d'artillerie, des magasins de toute espèce, des caves
considérables, de grands approvisionnemens de
draps et d'épicerie, de ressources de toute espèce
pour l'armée, et enfin une place forte du premier
ordre. Nous devons cette victoire au brave maréchal Lefebvre, qui a tout bravé pour l'obtenir, et a
su, par son grand talent, animer du même esprit
les Saxons, les Polonais et les Badois, pour les faire
marcher à son noble but. Les difficultés que l'artillerie a eues à vaincre étaient considérables ; mais
l'intrépidité des soldats a su aplanir tous les obstacles qui s'opposaient à la victoire. Les assiégés,
voyant tous leurs efforts impuissans, et lassés par

un siége meurtrier, demandèrent enfin à capituler;
ce qui leur fut accordé. Après la capitulation, la
garnison, forte de 16,000 hommes, réduite par ses
pertes à 9,000, défila devant nos braves. La princi-
pale clause de la capitulation, conclue entre le chef
supérieur commandant la place, et les généraux
français commandant le blocus, portait que la garnison s'engageait, par un serment d'honneur, à ne
pas servir contre la France ni contre ses alliés pendant un an, à compter de la date de la capitulation.

Affaire de Friedland. (14 juin 1807.)

Un armistice avait été accordé au roi de Prusse;
et les Français, tranquilles sur la foi du serment,
se livraient à la sécurité, lorsque les Russes firent
entendre un nouveau cri de guerre. Napoléon les
joignit dans la plaine de Friedland. Après quelques
avantages partiels, « c'est un jour de bonheur,
s'écria-t-il, c'est l'anniversaire de la bataille de
Marengo. » Sa prédiction fut accomplie. La bataille
fut gagnée. L'ennemi nous abandonna 48,000 hommes, 80 pièces de canon et la plus forte partie de
ses bagages. Cette action fut si décisive, qu'elle ôta
aux deux monarques conjurés tout moyen de con-
tinuer la guerre, et leur imposa la nécessité de faire à
Napoléon des propositions de paix.

Les conditions de cette paix furent qu'il lui fallait
des provinces pour former le royaume de Westphalie;
que les souverains de Prusse et de Russie reconnaî-
traient ceux de Westphalie, de Naples et de Hol-
lande, faits récemment par la volonté de Napoléon.
Ce traité fut immédiatement suivi d'une entrevue
de Napoléon et d'Alexandre sur un radeau placé au
milieu du Niémen; les deux souverains qui venaient

de se combattre avec tant de valeur, s'embrassèrent
à la vue de leurs armées superbement déployées
sur les deux rives.

Prise de Burgos. (10 novembre 1808.)

Un premier succès avait déjà signalé la présence
de nos troupes en Espagne. Le duc de Dantzick,
après avoir battu l'ennemi à Vittoria, à Levin,
poursuivait le cours de ses victoires en chassant
l'ennemi devant lui. Cependant la ville de Burgos
était occupée par l'armée d'Estramadure, formée
en trois divisions : l'avant-garde, composée des
gardes wallones et espagnoles, du corps d'étudians
des universités de Salamanque et de Léon formant
plusieurs bataillons, plusieurs régimens de ligne et
des régimens de nouvelle formation, formés depuis
l'insurrection de Badajoz, portaient cette armée à
environ 20,000 hommes.

L'empereur ayant donné le commandement de la
cavalerie de l'armée au maréchal duc d'Istrie, donna
le commandement du 2e corps au général duc de
Dalmatie. Le 10, à la pointe du jour, le maréchal
marcha à la tête de la division Mouton pour reconnaître l'ennemi. Arrivé à Gamonal, il fut accueilli
par une décharge de 30 pièces de canon. Ce fut le
signal du pas de charge. L'infanterie de la division
Mouton marcha soutenue par des charges d'artillerie. Les gardes wallones et espagnoles furent cul-
butées à la première attaque. Le duc d'Istrie, à la
tête de sa cavalerie, déborda leurs ailes; l'ennemi
fut mis en pleine déroute ; 3000 hommes sont restés
sur le champ de bataille ; 12 drapeaux et 25 pièces
de canon ont été pris. 3000 prisonniers ont été faits ;
le reste s'est dispersé. Nos troupes entrèrent pêle-

mêle avec l'ennemi dans la ville de Burgos, et la cavalerie le poursuivit dans toutes les directions. Le colonel des gardes Wallones et un grand nombre d'officiers supérieurs ont été faits prisonniers. Notre perte a été très-légère. Elle consistait en douze ou quinze hommes tués et cinquante blessés. Un seul capitaine a été tué d'un boulet.

Cette affaire, due aux bonnes dispositions du duc de Dalmatie, et à l'intrépidité avec laquelle le duc d'Istrie a fait charger la cavalerie, fit le plus grand honneur à la division Mouton.

Entrée à Madrid. (4 décembre 1808.)

De succès en succès, l'armée française, l'empereur à sa tête, était parvenue aux portes de Madrid. Une junte militaire s'était formée dans cette ville sous la présidence du général Castellar, qui avait sous ses ordres le général Morla. La ville renfermait un grand nombre de paysans armés qui s'y étaient rendus de tous côtés, 600 hommes de troupes de ligne et 100 pièces de canon. Depuis huit jours on barricadait les rues et les portes de la ville, 60,000 hommes étaient en armes; plusieurs sommation de rendre la place avaient été faites, mais en vain. Le parlementaire avait failli d'être assommé par le peuple. Voyant l'obstination des assiégés, L'empereur donna ordre au général de brigade Maison de s'emparer des faubourgs. Dès le 3 au matin, on avait pris d'assaut le Retro, défendu par 4000 hommes, tandis que d'un autre côté vingt pièces de canon de la garde jetaient des obus et attiraient l'attention de l'ennemi sur une fausse attaque. A 11 heures, une nouvelle sommation fut faite, et l'empereur fit cesser le feu sur tous les points. Deux envoyés de la ville vinrent répondre que, pour eux, ils étaient disposés à se rendre, mais que le peuple seul s'y opposait. Napoléon leur répondit : « Je vous donne jusqu'à demain 6 heures du matin. Revenez alors, si vous n'avez à me parler du peuple que pour m'apprendre qu'il s'est soumis ; sinon, vous et vos habitans serez passés par les armes. »

Le 4, le général Morla et le général Fernando de la Vera, gouverneur de la ville, vinrent faire leur soumission ; à 10 heures, le général Belliard prit le commandement de Madrid. Tous les postes furent remis aux Français, et un pardon général fut proclamé.

Capitulation de Sarragosse. (20 février 1809.)

Le siége de cette ville, tristement célèbre par l'opiniâtreté de ses habitans, est un exemple bien déplorable des maux que peut causer le fanatisme. Cette ville était devenue le véritable siége de l'insurrection d'Espagne. Déjà les insurgés avaient été mis en déroute à Paméla ; les Anglais avaient été jetés dans la mer à la Corogne. Sarragosse résistait encore. Les chefs de cette ville, composés en partie de moines, s'attachaient à laisser ignorer les revers aux habitans, et les faisaient espérer aux miracles d'une notre-dame *del Pisar*. Tout ce qu'il était possible de faire pour les éclairer et les ramener à la raison a été entrepris, mais en vain. Dès le 27 novembre 1808, l'armée française campait à peu de distance de Sarragosse. Mais ce fut le 26 janvier que le duc de Montébello en commença le siége en règle.

La population de cette ville était armée ; celle des campagnes de l'Arragon s'y était jointe, et Sarra-

2

gosse contenait 40,000 hommes, formés par régimens de 1,000 hommes. Pendant près d'un mois
on se battit sur les remparts, dans l'enceinte, et ce
ne fut que le 20 décembre que l'armée française occupa toute la ville, partie bouleversée par les
mines, partie écrasée par les bombes. 15,000 hommes d'infanterie et 20,000 hommes de cavalerie ont
posé les armes à la porte de Portillo, et ont remis
40 drapeaux et 150 pièces de canon; les insurgés
ont perdu 20,000 hommes pendant le siége. On a
trouvé 13,000 dans les hôpitaux. Il en mourait 500
par jour.

Le duc de Montébello n'a pas voulu accorder de
capitulation à la ville de Sarragosse, il a seulement
fait connaître les dispositions suivantes :

« La garnison posera les armes, le 21 à midi, à
la porte de Portillo.

» La ville de Sarragosse, n'ayant pas voulu capituler, a été traitée comme prisonnière de guerre.
Les hommes des troupes de ligne qui voudront prê-
ter serment au roi Joseph et entrer à son service,
pourront y être admises. Dans le cas où leur ad-
mission ne serait pas accordée par le ministre de
la guerre du roi d'Espagne, ils seront prisonniers
de guerre et conduits en France. La religion sera
respectée. Les troupes francaises occuperont, le
21 à midi, le château. Toute l'artillerie et toutes
les munitions de toute espèce leur seront remises.
Toutes les armes seront déposées aux portes de
chaque maison, et recueillies par les alcades de
chaque quartier. »

Affaire de Ratisbonne. (23 avril 1809.)

La guerre d'Espagne durait encore, et l'Autriche, conservant le ressentiment de ses défaites passées, crut le moment favorable pour venger l'abaissement de ses armes, et effacer la honte d'Austerlitz. En passant l'In l'armée autrichienne avait donné le signal d'une guerre implacable à la France, à ses alliés, et à la confédération du Rhin. A cette nouvelle, l'empereur quitte la capitale, et avec la rapidité de l'aigle, arrive à la tête de son armée. Des succès remportés à Psaffenhoffen, à Toun, à Arensberg, où nous faisons 18,000 prisonniers, signalent la présence de l'empereur. Cependant le prince Charles venait d'obtenir un léger succès sous les murs de Ratisbonne. 1000 hommes du 65ᵉ qui avaient été laissés pour garder le pont de cette ville, ne reçurent point l'ordre de se retirer. Cernés par l'armée autrichienne, ces braves se rendirent après avoir brulé jusqu'à leur dernière cartouche. Napoléon jura de venger cet affront dans les 24 heures. Il disposa son armée et liva bataille dans les champs d'Eckmulh, le 22 avril, et mit en déroute une armée de 110,000 hommes. 30,000 hommes tués, les bagages de l'ennemi, 15 drapeaux et presque toute l'artillerie autrichienne furent les fruits de cette journée.

Sans perdre de temps, Bonaparte marcha vers Ratisbonne, où se trouvait rassemblée toute la cavalerie autrichienne : trois charges successives la forcèrent à repasser précipitamment le Danube. En un instant on fut maître de la ville. Tout ce qui fit résistance fut sabré, les régimens qu'on y avait imprudemment placés, furent exterminés. Le nombre des prisonniers fut de 9,000. Par suite de ses mau-

mauvaises dispositions, l'ennemi n'eut pas le temps de couper le pont, et les Français passèrent pêle-mêle avec lui sur la rive gauche. Cette malheureuse ville, qu'il a eu la barbarie de défendre, a beaucoup souffert; le feu y a été une partie de la nuit, mais on parvint à le dominer et à l'éteindre.

Seconde entrée à Vienne. (13 mai 1809.)

Loin de profiter de ses échecs multipliés en manifestant des intentions pacifiques, l'Autriche continua la guerre, et Vienne revit l'armée française à ses portes. L'archiduc Maximilien, frère de l'impératrice, jeune prince âgé de 26 ans, présomptueux, sans expérience, d'un caractère ardent, avait pris le commandement de Vienne. Ne pouvant compter, pour défendre la ville, sur le secours des Viennais, qu'il voyait disposés à recevoir les Français, il fit venir dix bataillons de Landwehr et dix bataillons de troupes de ligne, composant une force de 15 à 16 mille hommes, et se renferma dans la place. Une sommation lui fut envoyée de la part de Montébello. L'aide de camp qui en était porteur fut assailli et blessé par ses satellites. La patience de l'empereur se lassa. Il fit construire un pont sur un bras du Danube. A neuf heures du soir, une batterie de vingt obusiers, construite par les généraux Bertrand et Novalet à cent toises de la place, commença le bombardement. 1800 obuses furent lancées en moins de quatre heures, et bientôt toute la ville parut en flammes. L'archiduc perdit la tête au milieu du bombardement, et l'on vit fuir celui qui une heure auparavant avait juré de s'ensevelir sous les ruines de la place. Il fut remplacé par l'archiduc

O'Reilly. Celui-ci fit cesser le feu dès le point du jour, et envoya à l'empereur une députation qui fut reçue favorablement. Les portes de la ville furent ouvertes, et Vienne reçut pour la seconde fois nos troupes dans son enceinte. Nos soldats se conduisirent dans cette ville d'une manière digne d'éloges, et avec tous les égards qu'on doit au courage malheureux.

Bataille d'Esling. (28 mai 1809).

Une fois maître de Vienne, Napoléon ne voulut pas perdre le fruit de sa victoire ; et, pour déjouer les projets de François II, il passa le Danube près d'Ersdorf, et sans attendre que toutes ses forces eussent franchi le fleuve, livra la bataille près d'Esling. Au moment où les Autrichiens se mettaient en fuite, une crue d'eau emporta les ponts du Danube, et sépara l'empereur d'une partie de son armée. Les Autrichiens reprennent courage et reviennent à la charge. Dans une circonstance aussi critique, Bonaparte prouva ce qu'on peut attendre de la valeur des soldats français. Il ordonna de vaincre, et bientôt les Autrichiens prirent de nouveau la fuite avec une perte de 27,000 hommes dont 12,000 morts. Nous eûmes à regretter la mort du maréchal Lannes. Prononcer son nom, c'est faire son éloge : il eut les deux cuisses emportées d'un coup de canon, et mourut peu après l'amputation.

Prise de Raab, (le 23 juin 1809). — *Trait d'héroïsme.*

Raab, place importante de la Hongrie, était comme le réduit du grand camp retranché où l'ennemi espérait réunir et exercer toute l'insurrection hongroise et où il avait fait d'immenses travaux. Sa garnison, forte de 1,800 hommes, était insuffisante. L'ennemi comptait y laisser 5,000 hommes, mais par la bataille de Raab, son armée a été séparée d'avec la place. Cette ville eut le sort de toutes celles que nous avions attaquées. Après avoir souffert huit jours d'un bombardement qui en détruisit les plus beaux édifices, elle fut forcée de capituler.

Dans une bataille livrée près de cette ville, le 8e régiment de ligne, cerné par 20,000 Autrichiens soutint leur choc pendant dix heures, leur tua 2,000 hommes, et attendit qu'on vînt le délivrer. L'histoire ancienne et moderne ne fournit pas un trait de bravoure aussi remarquable. Napoléon, qui possédait au suprême degré l'art de stimuler le courage, ne crut pas les récompenser plus dignement qu'en faisant mettre sur leurs drapeaux : *un contre dix.*

Affaire de Wagram, (les 5, 6 et 7 juillet 1809).

L'empereur d'Autriche avait réuni toutes ses forces sur ce point. Une armée de 200,000 hommes, et 200 pièces d'artillerie défendaient les places environnantes. Attaquer des ouvrages aussi bien défendus eût paru impossible à tout autre qu'à un général aussi expérimenté que Napoléon ; mais devant lui, tout obstacle devait céder. Dès le 4, l'empereur fait jeter à la hâte divers ponts sur le Danube, et, secondé par le brave Oudinot, chasse les ennemis de l'île Lobeau. Oudinot cerne le château de Sachsengang, que l'ennemi avait fortifié, fait capituler les 900 hommes qui se défendaient, et prend 12 pièces de canon. L'ennemi tourné et chassé de ses principales positions, est forcé de livrer bataille dans l'immense plaine d'Enzersdorf. C'est là que l'empereur fit déployer toute son armée. Depuis midi jusqu'à neuf heures du soir, on occupa tous les villages, et, à mesure qu'on arrivait à la hauteur des camps retranchés de l'ennemi, ils tombaient d'eux-mêmes comme par enchantement. L'ennemi fut partout mené battant et écrasé par la supériorité de notre feu. Cet immense champ de bataille resta couvert de ses débris.

Le lendemain 6, l'attaque fut générale. L'empereur fut averti que l'ennemi portait toutes ses forces sur un village. Il profita de cette faute, donna ses ordres aux généraux Magdonald, Lauriston et Rivoli. Dans un clin-d'œil, l'ennemi se trouva déconcerté, sans pouvoir se reconnaître. A midi le comte Oudinot marcha sur Wagram, et enleva cette importante position. Dès 10 heures, l'ennemi ne se battait plus que pour sa retraite; dès midi, elle était prononcée et se faisait en désordre, et beaucoup avant la nuit l'ennemi était hors de vue.

Le 7, à la pointe du jour, l'ennemi, coupé de la Hongrie et de la Moravie, se trouvait acculé du côté de la Bohême.

Tel est le récit de la bataille de Wagram, bataille décisive et à jamais célèbre, où 3 à 400,000, 12 à 1500 pièces de canon, se battaient pour de grands intérêts sur un champ de bataille étudié, médité, fortifié par l'ennemi depuis plusieurs mois. 10 drapeaux, 40 pièces de canon, 20,000 prisonniers, dont 3 ou 400 officiers, furent les trophées de cette victoire. Les champs de bataille restèrent couverts de morts. L'armée autrichienne se trouva réduite à moins de 60,000 hommes. Notre perte a été considérable ; elle s'est élevée à 1,500 hommes tués, et à 3 ou 4,000 blessés.

Après ce dernier échec, l'empereur d'Autriche demanda la paix. Napoléon, instruit par l'expérience, exigea des garanties, et la première condition fut que François II lui accorderait la main de sa fille l'archiduchesse Marie-Louise. Forcé par les circonstances, François II consentit à cette union.

Entrée dans Tarragone, (le 29 juin 1811).

L'Autriche était pacifiée, l'Espagne résistait encore. Le comte Suchet, sous les ordres du duc de Dalmatie, faisait triompher nos armes dans la Catalogne. C'est à lui que nous dûmes la prise de Tarragone, capitale de cette province. Un siége de deux mois, ou plutôt trois siéges en un an et cinq assauts successifs détruisirent une garnison de 18,000 hommes des troupes les plus réputées de l'Espagne, et nous livrèrent un port d'où les Anglais alimentaient l'insurrection de la province, pour conserver un débouché à leurs marchandises. La fureur du soldat était exaltée par la résistance de la garnison, qui attendait chaque jour sa délivrance, et qui devait en assurer le succès par une sortie générale. Un cinquième assaut, plus vigoureux encore que les précédens, nous rendit enfin maîtres de la ville, et entraîna un épouvantable massacre. 4,000 hommes ont été tués dans a ville ; 10 à 12,000 ont tenté de se sauver pardessus les murs dans la campagne ; un millier a été sabré ou noyé. Plus de 10,000, dont 500 officiers, furent faits prisonniers. Près de 1,500 blessés se trouvaient dans les hôpitaux de la place, où leur vie a été respectée au milieu du carnage. 20 drapaux, 384 bouches à feu en batterie, 40,000 boulets ou bombes, 500 milliers de poudre et du plomb restèrent en notre pouvoir.

Passage du Niémen (les 23, 24 et 25 juin 1812.)

Un nouveau traité d'alliance venait d'être conclu entre les empereurs de France et d'Autriche, et le roi de Prusse. Mais la Russie n'était point citée dans ce traité. Dès-lors il fut évident qu'une rupture allait avoir lieu entre la France et la Russie. Alexandre, Czar de Russie, saisit pour faire éclater ses ressentimens, le moment où l'Espagne nous accablait. Il allégua pour prétexte la crainte de voir rétablir l'indépendence de la Pologne, la réunion du duché d'Oldemberg à la France, l'occupation de la Prusse par nos armées, et la ruine absolue du commerce, par suite du système continental que lui-même avait adopté.

Bonaparte entreprit de lui répondre, mais il n'en donna pas le temps; la note n'était pas encore au cabinet des Tuileries, qu'il avait déjà forcé l'armée de Varsovie à se replier sur la Vistule, et rompu le système continental en ouvrant aux Anglais tous les ports de la Russie. Aux propositions d'accommodement faites par l'empereur, le Czar ne répondit que par des négociations sourdes, au moyen desquelles il s'attacha l'Angleterre et la Suède. Dominées par la terreur, l'Autriche et la Prusse restèrent avec nous, et Napoléon fit d'immenses préparatifs.

Cinq cent mille hommes s'élancèrent à sa voix de

toutes les parties de l'Europe aux bords du Niémen, et voyant l'armée russe déployée sur l'autre rive , il conçut l'audacieuse idée de l'envelopper tout entière, et de s'emparer d'Alexandre ; mais ce prince n'attendit pas les Français, et se retira en désordre sur la Dwina et sur le Dniéper.

Trois ponts furent jetés sur le Niémen , et les journées des 24 et 25 furent employées à faire défiler nos troupes. Une partie de la cavalerie, traversa le fleuve à la nage.

L'armée continua sa route , et après diverses escarmouches, entra le 28 dans Wilna , capitale de la Lithuanie.

Affaire de la Moskowa. (7 septembre 1812).

Déjà les Russes avaient été chassés de la Dwina et du Dniéper, et avaient été battus dans un grand nombre de combats qui leur avaient coûté plus de 20,000 hommes. Witeps avait été le prix d'un combat des plus sanglans ; Smolensk était devenu le tombeau de ses habitans, le plateau de Volontina était resté en notre pouvoir. A la vue des prodiges de cette journée : « Poursuivons nos succès, s'était écrié l'empereur , avec de pareilles troupes on doit aller au bout du monde. »

L'armée russe, chassée de Volontina, s'arrêta au village de Borodino, situé à 20 lieues de Moscou, sur les bords de la Moskowa. Barclay de Tolly en en avait cédé le commandement au général Kutusow, qui venait de se faire contre les Turcs une réputation colossale. Ce dernier était tellement sûr de ses préparatifs , qu'il écrivit à l'empereur Alexandre : « La position que j'ai prise est la plus »favorable que puisse offrir un pays de plaine, et »si je forme un vœu, c'est que les Français viennent »m'y atraquer. » Sa force était de 130, 000 hommes, protégés par un excellent terrain et des ouvrages de toute espèce.

Napoléon disposa ses bataillons pour l'attaque, recommanda à chacun de se conduire comme à Austerlitz, à Friedland, à Witeps, à Smolensk, donna l'ordre et le signal du combat. Un soleil radieux perçait en ce moment les nuages qui obscurcissaient l'atmosphère. L'empereur s'écria : *C'est le soleil d'Austerlitz !*

Cette journée offrit les résultats les plus satisfaisans : 3o, ooo morts., 5, ooo prisonniers, 3o généraux tués, blessés ou pris. Pour donner une idée du carnage qui s'y fit, il suffira de rapporter un fait.

Le colonel du 61 de ligne se trouvait en bataille devant une redoute qu'il avait long-temps défendue. « Qu'avez-vous fait de l'un de vos bataillons? » lui dit Bonaparte.— Sire, il est dans la redoute. » Il y était en effet, mais gisant sur la poussière.

Entrée à Moscou. (14 septembre 1812.)

Battue à Borodino, l'armée russe se reploya tout entière sous les murs de Moscou; et là Kutusow assembla son conseil pour délibérer si on livrerait une seconde bataille, ou si on incendierait l'ancienne capitale des Czars; mais depuis long-temps la chose était arrêtée, et le conseil n'était convoqué que pour la forme. Bonaparte quittait son dernier champ de victoire pour s'attacher aux pas de l'ennemi.

Kutusow ayant traversé Moscou dans la journée du 14, n'y avait plus que son arrière-garde, et celle-ci se trouvait prise en queue et en flanc par le roi Murat et le prince Eugène, lorsque le général qui la commandait demanda, pour s'échapper, une suspension d'armes, menaçant, en cas de refus, de couvrir sa retraite par l'incendie de Moscou.

Napaléon, espérant sauver Moscou, souscrivit à tout ce qu'on demandait; mais pendant qu'on était en pourparler, le gouverneur Rostopchin rassemblait tous les malfaiteurs, mettait entre leurs mains des torches enflammées, et les chargeait d'expier leurs forfaits par la destruction de leur patrie. Malgré les efforts d'une multitude d'habitans, que le gouverneur avait chargés de tenir l'armée française sous le feu dévorant de la ville, cette multitude fût impuissante contre l'ardeur de nos braves, et le 14 notre armée est entrée dans Moscou. L'entrée de Napoléon produisit un océan de flammes; son arrivée fut pour les agens de Rostopchin le signal de l'incendie : on essaya vainement d'arrêter les progrès du feu. Comme l'ennemi avait emmené toutes les pompes, il s'étendit avec une telle rapidité que l'empereur fut obligé de quitter le palais qu'il occupait au Kremlin, pour se porter à celui de Petrowski, situé à deux lieues des remparts. Que l'on juge de l'horreur de ce tableau par les paroles d'un officier français. « Dans la nuit du 16 au 17, j'étais à trois lieues de Moskou, écrivant mon rapport à la lueur de l'incendie. » De cette ancienne capitale des Czars, que les prédécesseurs de Pierre le Grand avaient fondée, et que ses successeurs s'étaient plu à embellir et à orner, il ne resta que 1800 maisons de 10,000 que l'on comptait avant l'incendie.

Passage de la Bérésina. (28 novembre 1812.)

Cette mémorable campagne, si glorieusement menée à sa fin, fut terminée par un désastre dont l'histoire n'offre pas d'exemple. Ce n'était pas assez que d'avoir à lutter contre des armées innombrables que leurs défaites ne rendaient que plus achar-

nées: un autre ennemi contre lequel toute la valeur
de nos braves fut impuissante, vint exercer dans
nos rangs ses funestes ravages. Dès le 6 novembre,
un froid intense commença à se faire sentir, et bientôt il fut tel, que les vieillards ne se rappelaient pas
en avoir jamais vu de semblable. Les hommes pé-
rissaient, et surtout les chevaux. Trente mille de
ces derniers furent abandonnés en quatre jours;
les chemins n'étaient couverts que de cadavres, et
l'armée semblait marcher sur elle-même.

C'est alors que l'on vit le plus beau trait de dé-
vouement qui soit dans les fastes des nations; les
débris de la garde étaient réduits à protéger les débris des corps, et il ne restait plus d'escorte au général en chef. A l'instant tous ceux des officiers
qui ont encore des chevaux, quittent leurs com-
mandemens respectifs, et descendent volontaire-
ment aux fonctions de simples soldats. Organisés
en quatre compagnies, ces héros forment un corps
de six cents hommes, au milieu desquels Napoléon marcha avec confiance. Il prit le titre d'esca-
dron sacré; les généraux y étaient capitaines, et les
colonels sous-fficiers.

Malgré des pertes si désastreuses, qui semblaient
devoir abattre le courage le plus invincible, le des-
tin nous réservait encore une victoire sur la Bérésina. Napoléon prenait, en approchant de cette ri-
vière, toutes les mesures nécessaires pour mettre
les débris de l'armée en état de combattre. Au bout
de quelques heures, quatre-vingt mille hommes en
bataille présentèrent leur front à cet ennemi. Ayant
reconnu les positions que l'ennemi occupait sur
l'autre rive, et fait jeter des ponts près des villages
de Dorisow et de Velevolo, Bonaparte chargea le
maréchal Victor de quitter la rive gauche où il
combattait, pour se porter sur les hauteurs de ce

deruier endroit, afin de protéger la retraite des
différentes divisions. Cette manœuvre fut couron-
née du plus grand succès ; tous les corps passèrent,
et les ducs de Reggio et de Bellune, à la tête de
leurs corps respectifs de la garde, se portèrent ra-
pidement sur Prilova, par où l'énnemi devait dé-
boucher pour s'opposer au passage, et détruisirent
son espoir par leurs charges multipliées et la con-
tenance qu'ils montrèrent.

Conquête d'Alger. (9 juillet 183o.)

Depuis l'empire, nul événement n'avait signalé
la valeur des Français. Il semblait que l'aigle impériale, en quittant la France, eût emporté avec elle
la gloire de nos armes. L'expédition d'Espagne, en
1823, avait été aussi peu glorieuse que le motif en
était peu louable. Vint enfin la guerre d'Alger, qui
fit voir que la valeur française n'avait pas dégénéré.

Divers motifs avaient déterminé la France à ar-
mer contre Alger ; le principal était un soufflet ou
un coup d'éventail donné par le dey à notre consul
chargé d'une mission près de ce prince. Le gouvernement français résolut de tirer vengeance de l'in-
sulte faite à la nation dans la personne de son re-
présentant, et de châtier l'insolence du dey. En
conséquence, tout l'hiver de 1829 à 183o fut em-
ployé en préparatifs.

On équipa à grands frais une flotte considérable,
composée de onze vaisseaux de ligne, deux vaisseaux rasés, vingt-une frégates, six corvettes, vingt-
quatre briks, seize corvettes de charge et transports
et deux goelettes, huit bombardes et six bâtimens à
vapeur. L'armée a mis à la voile de Toulon le 25
mai 183o ; elle est débarquée le 14 juin à cinq

heures du matin sur les côtes d'Afrique ; elle a enlevé et détruit le fort de Torré-Chica ; les Algériens
ont été chassés de la première hauteur, pendant que
la deuxième division opérait son débarquement ; les
ennemis ont été poursuivis la baïonnette aux reins.
Le même jour, on avait enlevé deux drapeaux à
l'ennemi, deux obusiers et dix canons. Les Français
se sont battus partout avec un grand courage ; ils
ont repoussé les Arabes et les Turcs avec un sang
froid admirable, quoique l'ennemi se soit toujours
montré quatre contre un. La ville d'Alger s'est ren-
due à discrétion le 5 juillet 1830 à midi, et à deux
heures le pavillon de la France flottait sur le palais
du dey. Les forts et les batteries étaient garnis de
quinze cents canons de tout calibre ; on a trouvé
dans cette place des arsenaux de guerre et de ma-
rine approvisionnés d'armes et de munitions considérables. Douze bâtimens de guerre étaient dans le
port. On évalue à deux cent cinquante millions les
trésors du dey tombés entre nos mains. Cette nouvelle a été reçue en France avec un grand enthou-
siasme. Le fort l'*Empereur*, après quelques jours
d'attaque, a été enlevé le 6 juillet par nos jeunes
guerriers.

Des Français faits prisonniers, et des blessés ont
été impitoyablement massacrés par les Algériens.
Nos soldats, témoins de cette cruauté, ont agi de
représailles. Un Turc s'est percé de trois coups de
poignard, plutôt que de se rendre. On demandait
à un Turc prisonnier ce qu'il ferait si on lui rendait
la liberté : J'irais vous combattre, répondit-il avec
énergie. On lui fit observer ensuite avec quels
égards on le traitait, tandis que les siens avaient
égorgé ceux de nous qui étaient tombés en leurs
mains. Il découvrit sa poitrine en disant avec fer-
meté : Que n'en faites-vous autant ?

Révolution des 27, 28 et 29 juillet 1830.

Depuis quinze ans la tyrannie des Bourbons appesantissait de plus en plus sur nous son pouvoir despotique. Un ministère prévaricateur, présidé par l'infâme Polignac, exerçait sur l'esprit de l'inepte Charles X un empire absolu. Le 25 juillet fut le jour arrêté pour river les fers de notre esclavage. C'est ce jour-là qu'émanèrent de Saint-Cloud les fameuses ordonnances qui suspendaient la liberté de la presse, cassaient la chambre des députés, et changeaient le mode d'élections. C'était saper dans ses fondemens la Charte, seul garant de notre liberté.

Le peuple sentit ses droits, il vit le coup porté à sa liberté. Il se souvint alors de la Bastille, et se souleva pour repousser l'oppression. *Vive la Charte! vive la liberté !* fut son cri de ralliement. Le despotisme répondit à ces cris par des coups de fusil. Paris fut mis en état de siége. Raguse, le traître Raguse, fut chargé de mitrailler les Parisiens.

L'indignation s'empare de tous les esprits. Le peuple s'arme, la garde nationale sort de l'oubli où l'avait condamnée l'orgueil d'un ministère perfide, et va faire face aux troupes royales ; tandis que de son côté la ligne fraternise avec les citoyens. Bientôt Paris n'est plus qu'un vaste champ de bataille. La place de l'Hôtel-de-Ville devient, pendant 24 heures, le théâtre du combat le plus opiniâtre. Les satellites du despotisme, repoussés jusque dans leurs derniers retranchemens, se défendaient encore derrière la colonade du Louvre. Mais rien ne résiste à l'intrépidité des Parisiens : le Louvre est pris d'assaut; les Tuileries éprouvent le même sort; et en trois jours la tyrannie est renversée, et les trois couleurs de la liberté flottent sur tous les édifices.

FIN.